KATJA MENSING

10 kleine Möwen
entdecken Hamburg

BOYENS

10 kleine Möwen
krächzten laut: „Moin Moin",
eine fand den Hafen schön,
so zogen los nur neun.

9 kleine Möwen
sahen eine weiße Pracht,
eine blieb beim schönsten Schwan,
da waren es nur noch acht.

8 kleine Möwen,
sah man zum Michel fliegen,
eine wollte die Zeit erkunden,
da waren es nur noch sieben.

7 kleine Möwen
trafen Maler Klecks,
eine half beim Farben mischen,
da waren es nur noch sechs.

KAROS
MODE
SECOND-
HAND
UND NEU

LOTTE

MGD

6 kleine Möwen
bestaunten bunte Strümpf',
eine wollte im Laden stöbern,
da waren es nur noch fünf.

5 kleine Möwen
saßen auf dem Alster-Pier,
eine wollte segeln gehen,
da waren es nur noch vier.

4 kleine Möwen
kamen am Zoo vorbei,
eine blieb beim Papagei,
da waren es nur noch drei.

FLUGSHOW

MULERNTOR

3 kleine Möwen
waren im Stadion dabei,
eine wurde Fußballfan,
da waren es nur noch zwei.

2 kleine Möwen
sonnten sich die Beine,
eine traf auf neue Freunde,
da war es nur noch eine.

PLANETARIUM

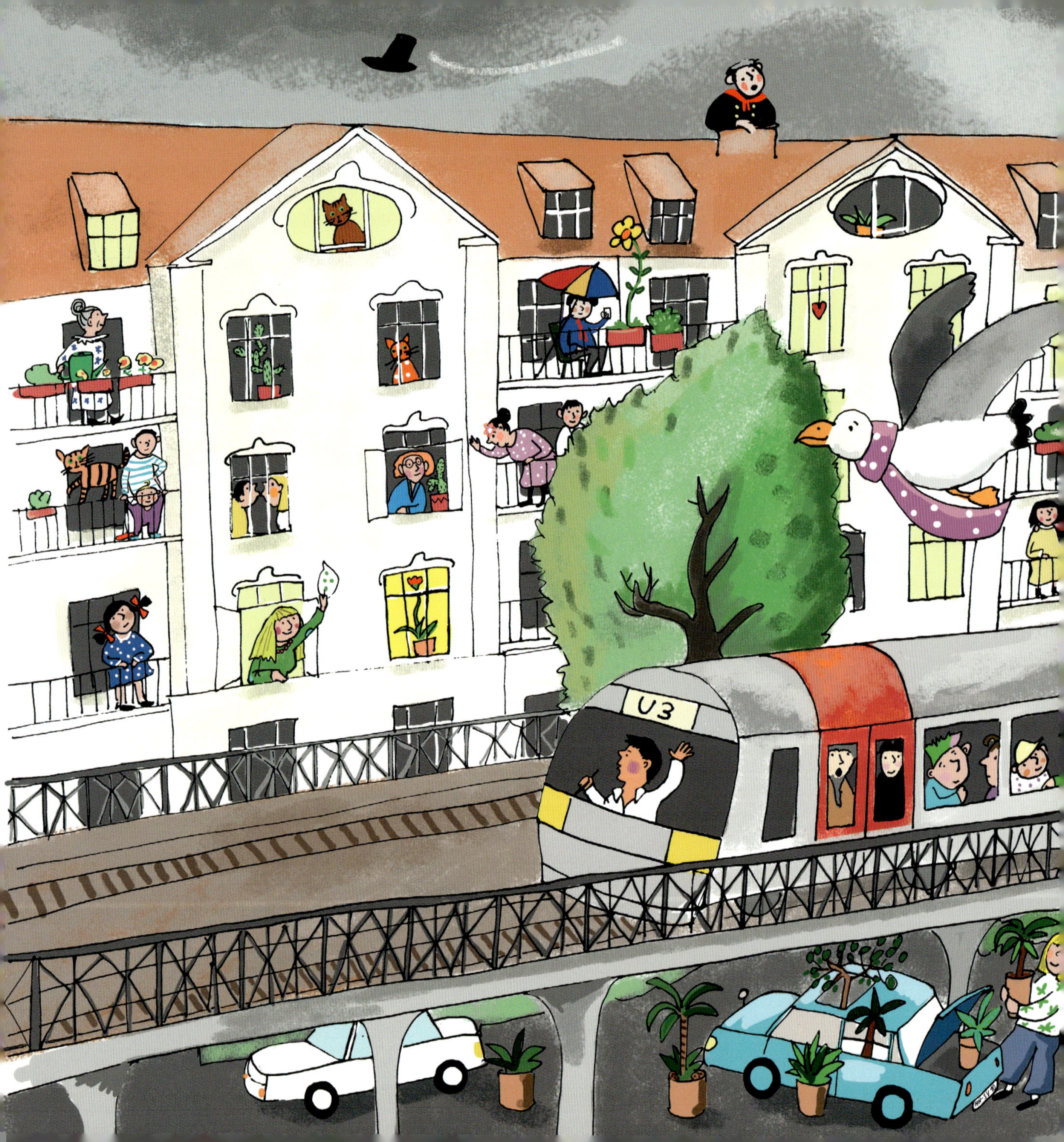
U3

1 kleine Möwe
flog nun allein im Wind,
und manch einer fragte sich,
wo ihre Freunde sind.

Am Hamburger Elbstrand,
da gibt es viel zu seh'n,
hier trafen sie sich alle wieder,
so sind es wieder zehn.

HAMBUR
FC ST PAULI
EWINNT
3:0

Hamburg

10 kleine Möwen
lieben diese Stadt,
weil sie ein schönes Plätzchen
für jede von ihnen hat.

Tierpark
Hagenbeck

Marktstraße

Millerntor-
Stadion

Elbstrand

Landungsbrücken

Elbe